Lesenlernen mit der Maus

**Bibliografische Information der Deutschen Nationalbibliothek**
Die Deutsche Nationalbibliothek verzeichnet diese Publikation
in der Deutschen Nationalbibliografie; detaillierte bibliografische
Daten sind im Internet über http://d-nb.de abrufbar.

5 4 3    14 13 12 11

© I. Schmitt-Menzel/Friedrich Streich/WDR mediagroup
licensing GmbH
Die Sendung mit der Maus ® WDR

Text: Franziska Gehm, Maja von Vogel, Anne Steinwart,
Henriette Wich
Innenillustrationen: Marion Elitez, Anke am Berg,
Dagmar Henze, Dorothea Tust
Coverillustration: Marion Elitez

ISBN 978-3-7607-6852-6

www.arsedition.de

# Lesenlernen mit der Maus

## Meine schönsten Freundschaftsgeschichten

arsEdition

## Liebe Eltern,

Lesen macht Spaß und Lesenlernen ebenso! Besonders, wenn die Maus, der Elefant und die Ente Ihr Kind dabei begleiten.

Kurze Geschichten mit vielen bunten Bildern regen die Fantasie an und ermutigen zum selbstständigen Lesen. Gehen Sie gemeinsam mit Ihrem Kind auf eine Reise in eine Welt voller aufregender Geschichten! Diese spiegeln mit den Themen Freundschaft, Mut, Geburtstag und Schule den Kinderalltag wider und laden dazu ein, weiterzudenken, Fragen zu stellen und von eigenen Erlebnissen zu erzählen.

Lesen ist Abenteuer, will aber auch geübt sein!
Die Maus und ihre Freunde helfen Ihrem Kind dabei, kleine Schwierigkeiten beim Lesenlernen zu überwinden. Interessante Sachinfos, abwechslungsreiche Inhaltsfragen und knifflige Rätsel lockern die Geschichten auf und machen das Lesen zu einem besonderen Erlebnis.

Spannende Sachinformationen mit der Maus ergänzen die Geschichten und regen zum Nachfragen und Nachdenken an.

Konkrete Inhaltsfragen mit dem Elefanten ermutigen zum Erzählen und Beschreiben und fördern so das Textverständnis.

Lustige Rätsel mit der Ente am Ende jeder Geschichte fördern die Konzentration und machen Spaß.

Ermutigen Sie Ihr Kind dazu, zuzuhören und selbst zu lesen. Nutzen Sie die eingebauten Kästen mit der Maus, dem Elefanten und der Ente, um über das Gelesene zu sprechen.
Mit der Maus und ihren Freunden fällt es leicht, die großen und kleinen Hürden auf dem Weg zum Lesen zu überwinden!

Wir wünschen Ihnen und Ihrem Kind viel Spaß beim Lesenlernen mit der Maus!

# Inhalt

## Freundschaftsgeschichten

## Hexe Mini fliegt zur Schule

# Mutmachgeschichten

# Geburtstagsgeschichten

Franziska Gehm

# Freundschafts-geschichten

Mit Bildern von Marion Elitez

# Hilfe für Nina

Lea und Nina sitzen
in der Mathestunde.
„Gleich haben wir Sport",
flüstert Lea und strahlt.
Sport finden beide klasse.
Plötzlich wird Nina ganz blass.

„Oh nein, ich habe
mein Sportzeug vergessen!",
flüstert sie Lea zu.
Lea reißt die Augen auf: „Was?"
Der Mathelehrer räuspert sich.
„Da fällt uns schon was ein",
flüstert Lea schnell.

Lea und Nina haben nach der
Mathestunde Sport. Plötzlich
wird Nina ganz blass. Warum?

Als es klingelt, nehmen alle
ihre Sachen und flitzen
zum Sportgebäude.
Im Umkleideraum kichern
und lachen die Mädchen.
Bloß Nina sitzt traurig in einer Ecke.
Was soll sie denn jetzt machen?
Lea klettert auf eine Bank:

„Alle mal herhören! Nina hat
ihr Sportzeug vergessen."
Nina wird ganz rot im Gesicht.
Mann, ist das peinlich!
„Wer Klamotten übrig hat,
liefert sie sofort bei Nina ab",
sagt Lea.

Was hat Lea sich überlegt,
um Nina zu helfen? Erzähle.

Alle wühlen in ihren Taschen.
„Ich hab noch eine blaue Hose",
sagt Lisa.

Und Ulli findet ein gelbes T-Shirt
in ihrem Sportbeutel.

Nina strahlt. „Danke!"
Sie zieht das gelbe T-Shirt
und die blaue Hose an.
„Hat jemand Turnschuhe?", fragt Lea.
Alle schütteln den Kopf.
Nina zuckt die Schultern:
„Ich gehe einfach ohne Schuhe."

Im Sportunterricht brauchen die
Kinder Sportkleidung, die bequem ist;
Jogginghosen zum Beispiel und weite
T-Shirts. Turnschuhe sollen fest am
Fuß sitzen und so verhindern, dass man
umknickt oder ausrutscht.

Als die Lehrerin Frau Knacks
Nina sieht, fragt sie erstaunt:
„Wo sind denn deine Turnschuhe?"
„Ähm … in der Wäsche",
sagt Nina und schaut zu Boden.
Frau Knacks runzelt die Stirn:
„Na gut. Du hast Glück.
Heute machen wir Bodenturnen.
Das geht auch ohne Schuhe."

Nina grinst.
Turnen mag sie am liebsten.
Sie drückt Leas Hand
und flüstert: „Danke."

Schau dir das Bild genau an.
Welche Sportgeräte findest du?
Welches ist dein Lieblingsgerät?
Erzähle, warum?

Lösung: Bälle, Sprossenwand, Ringe, Kasten

## Pauls Geheimnis

Trixi ist sauer. Stinksauer.
Heute wollte sie mit Paul
einen Staudamm bauen.
Aber Paul hat keine Zeit.
Als Trixi fragt, was er vorhat,
meint er nur:
„Das geht dich nichts an.
Männersache."
Männersache! Pah!
Bestimmt nur oller Fußball,
denkt Trixi und schnauft.
Paul ist richtig doof.

Trixi ist sauer auf Paul.
Erzähle, warum.

Und Trixis bester Freund
ist er jetzt auch nicht mehr.
Das kann er voll vergessen!
Auf dem Heimweg von der Schule
muss Trixi an Pauls Haus vorbei.

Obwohl sie nicht hinschauen will,
schielen ihre Augen hinüber.
Plötzlich sieht sie
Paul und seinen Vater.
Sie schleppen Werkzeuge
zum Bach neben dem Haus.
Trixi versteckt sich hinter einem Baum.

**Werkzeuge:**
Hammer und Säge sind Werkzeuge.
Man braucht sie, um etwas zu bauen,
ein Baumhaus zum Beispiel. Denn dafür
muss man Holzbretter klein sägen,
die dann mit dem Hammer
zusammengenagelt werden.

Was haben die bloß vor?
Wollen die etwa ohne Trixi
einen Staudamm bauen?
Das ist sooo gemein!
Megadoofe Männersache!,
denkt Trixi und blinzelt.

Jetzt bloß nicht heulen.
Schon gar nicht wegen
so einem popelblöden Paul.
Vor Wut zerbricht Trixi
einen Ast. Knacks!

Paul wirbelt herum und ruft:
„Trixi? Was machst du denn hier?"
„Ähm ... das geht dich nichts an.
Mädchensache", sagt Trixi sauer.
„Und was machst DU hier?",
fragt sie.
„Ich ... na ja ... wir",
beginnt Paul.
„Wir bauen ein Floß",
sagt Pauls Vater.

„Stimmt. Und das sollte
eine Überraschung werden",
sagt Paul.
„Eine Überraschung?",
staunt Trixi.

Wie haben Paul und sein Vater
Trixi bemerkt?

27

Paul nickt und wird rot.
„Ja, für dich."
In Trixis Zehen kribbelt es.
Eine Überraschung!
Von Paul nur für sie!
„Tja, die Überraschung ist nun
wohl ins Wasser gefallen!",
sagt Pauls Vater.
„Ja, aber dafür kann ich
euch jetzt helfen", sagt Trixi.

„Oh ja! Und dann gehen wir
auf große Abenteuerfahrt!",
ruft Paul und strahlt Trixi an.
Trixi nickt.
Paul ist eben doch
der beste Freund der Welt.

**Floß:**
Das Floß ist ein Wasserfahrzeug.
Es wird aus dicken Holzbalken
gebaut, die mit einem festen Seil
zusammengehalten werden.

Sieh dir die beiden Bilder genau an. Findest du die fünf versteckten Fehler im unteren Bild? Kreise ein.

Lösung: Grashalm, Trixis Pullover, rechter Stock auf Floß, Trixis Schuh, gelbes Seilstück vorne am Floß

# Die Geburtstagsüberraschung

Lena hat heute Geburtstag.
Alle ihre Freunde kommen
mit tollen Geschenken.
Lena macht nämlich
eine richtige Party.
Aber Lena ist traurig.

„Was ist los mit dir?",
fragt Mama
und stupst Lena an die Nase.
„Gefällt dir deine Party nicht?"
Lena zuckt mit den Schultern.

Lena hat Geburtstag. Viele
Freunde sind zu ihrer Party
gekommen. Aber Lena ist traurig.
Erzähle, warum.

„Doch, schon,
aber Ute ist nicht da."
Ute ist Lenas beste Freundin.
Jeden Tag haben sie
zusammen gespielt,
aber dann ist Ute weggezogen.
Auf einen Bauernhof.

„Ute kommt bestimmt",
sagt Mama.
Lena schüttelt den Kopf.
„Pah, das glaub ich nicht.
Utes Papa hat keine Zeit,
sie zu uns zu bringen."

Plötzlich klingelt es an der Tür.

Lena macht auf.

Da steht Papa und sagt:

„Hallo Geburtstagskind."

„Hallo Papa. Wieso klingelst du?"

„Ich habe eine Überraschung",

sagt Papa und grinst.

Und hinter seinem Rücken schaut

ein blonder Lockenkopf hervor.

„Ute! Jippie!", ruft Lena

und rennt auf sie zu.

Lena und Ute umarmen sich.

Warum freut sich Lena so sehr,
Ute zu sehen?
Erzähle.

„Ich bin ganz alleine
mit dem Bus gekommen.
Meine Mama hat mich
zum Bus gebracht.
Und dein Papa hat mich abgeholt",
sagt Ute und strahlt.

„Da können wir uns ja
viel öfter besuchen", sagt Lena.
„Genau. Du musst sowieso
zu mir kommen
und dein Geschenk abholen."
„Wieso?", fragt Lena.

„Na, weil ich dir eine Woche
auf unserem Bauernhof schenke."
„Eine ganze Woche
mit all euren Tieren!", staunt Lena.
„Ja, aber vor allem
eine Woche mit mir!", sagt Ute.
„Stimmt, das ist das Beste",
meint Lena
und fällt Ute um den Hals.

**Bauernhof:**

Auf einem Bauernhof leben Menschen und Tiere ganz dicht zusammen.
Tiere, die es meistens auf einem Bauernhof gibt, sind: Kühe, Hühner, ein Hund und Katzen. Manchmal gibt es auch Schweine oder Schafe.
Damit alle genug Platz haben, ist das Bauernhaus sehr groß, und häufig gibt es noch andere Häuser, in denen zum Beispiel die Kühe oder Schweine leben.
Zu einem Bauernhof gehören Wiesen und Felder, deshalb ist er meist auf dem Land.

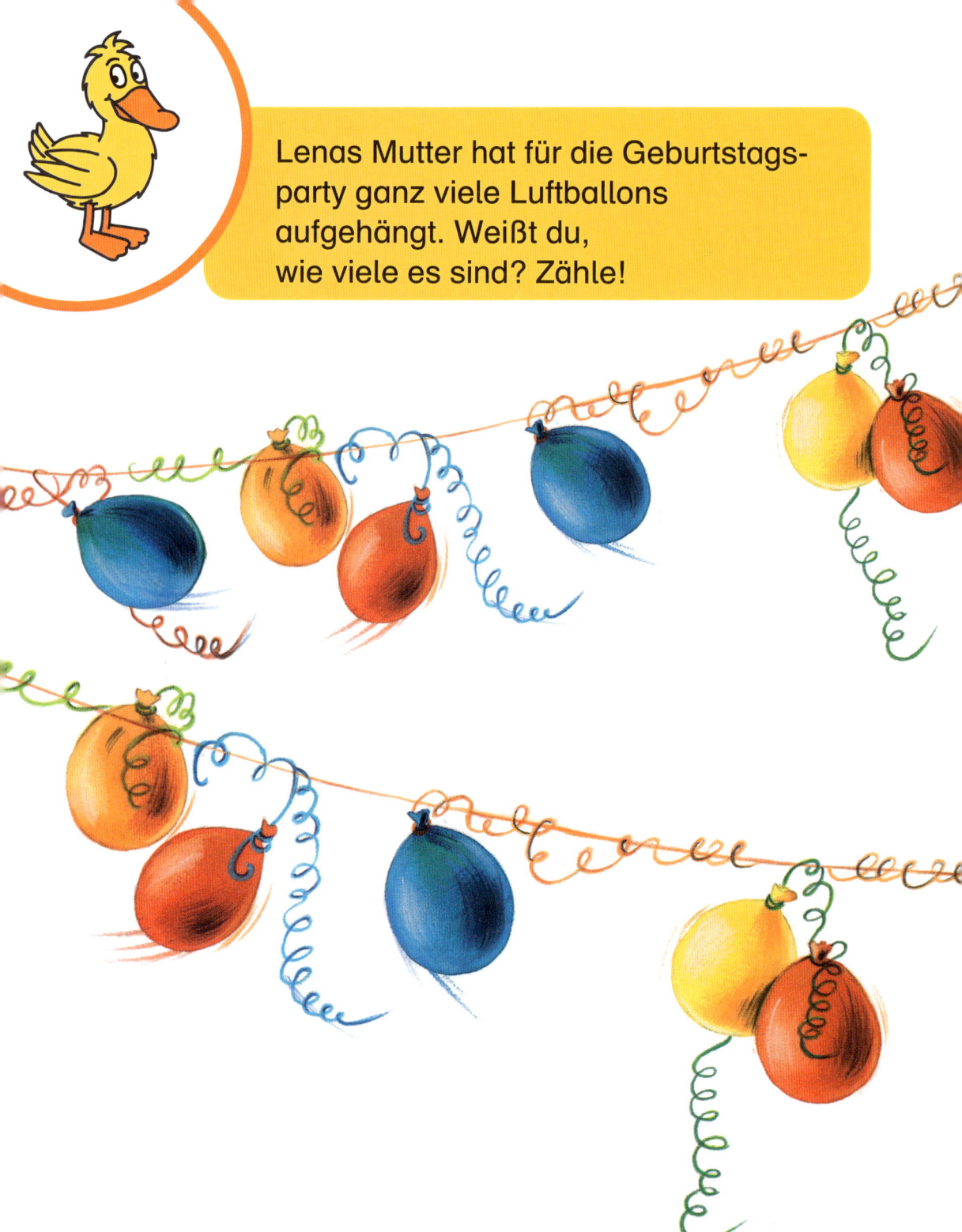

Lenas Mutter hat für die Geburtstags-party ganz viele Luftballons aufgehängt. Weißt du, wie viele es sind? Zähle!

## Max und Moritz

„Hilfe! Moritz im Anflug!",
ruft Mama und duckt sich.
Moritz ist ein Kater.
Nachbar Bolle hat
ihn Max geschenkt.

Aber Moritz ist kein
normaler Kater.
Mama sagt sogar,
er ist ein kleiner Teufel.
Weil er so wild ist.

„Moritz! Komm sofort
vom Küchenschrank!",
ruft Mama jetzt.

Moritz schaut von oben
auf Mama und Max hinunter.
„Los, Moritz! Spring!",
ruft Max.

Da macht Moritz einen Satz
und landet in den Gardinen.
Ratsch!
„Meine Gardinen!",
schreit Mama.
Moritz schaut erstaunt auf.
Hat er was falsch gemacht?
Max muss lachen.

**Was Katzen können:**
Katzen sind im Weitsprung in der
Lage, ein Vielfaches ihrer Körperlänge
zu überspringen. Der Schwanz dient
beim Sprung als Balancierstange und
Steuergerät.

„Jetzt hört der Spaß auf!",
sagt Mama streng.
„Max, geh in dein Zimmer!

Ich fange Moritz
und bringe ihn zurück
zu Herrn Bolle."
„Nein, Mama, bitte nicht!",
ruft Max.
Aber Mama schaut Max
schrecklich finster an.
Den Blick kennt Max schon.
Da ist mit Mama nicht zu spaßen.
Schnell geht er in sein Zimmer.

Warum sagt Mama:
„Jetzt hört der Spaß auf!"?
Erzähle.

Weißt du noch, von wem
Max den Kater geschenkt
bekommen hat?

Er lässt die Tür offen und lauscht.
In der ganzen Wohnung
klirrt und kracht es.
„Wirst du wohl herkommen,
du kleiner Teufel!",
hört Max Mama rufen.

Plötzlich huscht Moritz
in Max' Zimmer und verschwindet
unter dem Bett.
Kurz darauf kommt Mama.
„Hast du Moritz gesehen?",
fragt sie und schaut ins Zimmer.

„Nö", sagt er und bekommt
eine rote Nasenspitze.

Als Mama weg ist, flüstert Max:
„Moritz, du kannst rauskommen!"
Moritz schmiegt sich an Max
und schleckt ihm am Finger.
„Hi, das kitzelt!", ruft Max und kichert.

Warum schleckt Moritz Max' Finger?
Katzen drücken so ihre Zuneigung zu
anderen Katzen oder zu Menschen aus.

Plötzlich ist Mama wieder da.
„Na prima! Max und Moritz!",
schimpft sie.
„Moritz ist ganz brav, Mama",
sagt Max.
Mama runzelt die Stirn,
doch dann lächelt sie.

„Hm. Wenn du dich ab jetzt
so schön um Moritz kümmerst,
muss er nicht zu Herrn Bolle."
Max flüstert Moritz zu:
„Wir müssen ab jetzt
zusammenhalten, Kumpel."
Moritz stupst Max mit der Nase an.
„Geht klar, Mama!", sagt Max
und drückt Moritz an sich.

Auf welchen Bildern in dieser Geschichte waren die folgenden Gegenstände zu sehen? Kannst du sie wiederfinden?

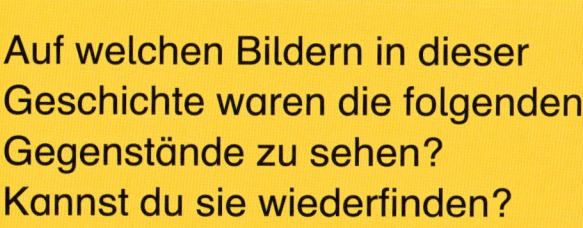

1

3

4

2

5

Lösung: 1 im Bild auf S. 42, 2 auf S. 48, 3 auf S. 46, 4 auf S. 46, 5 auf S. 44

Maja von Vogel

# Hexe Mini
# fliegt zur Schule

## Mit Bildern von Anke am Berg

# Minis erster Schultag

Hexe Mini ist aufgeregt.
Heute ist ihr erster Schultag.

Hexe Mini ist aufgeregt.
Weißt du auch, warum?

Sie hat eine große Schultüte
voller weißer Zuckermäuse. Lecker!
„Und du kommst auch mit",
sagt Mini zu Bella,
ihrer grünen Zaubermaus.

Sie schwingt ihren Zauberstab
und verwandelt Bella
in einen grünen Radiergummi.
„Jetzt erkennt dich keiner",
sagt Mini zufrieden.
Dann steigt sie auf ihren Besen.

Ein Radiergummi besteht aus
einem besonderen Material,
das man Gummi nennt.
Man benutzt den Radiergummi,
um mit Bleistift Geschriebenes
oder Gemaltes wieder vom Papier
zu entfernen.

In der Schule setzt sich Mini
auf den letzten freien Platz.

Neben ihr sitzt ein Junge.
„Hallo", sagt Mini.
„Ich bin Mini."

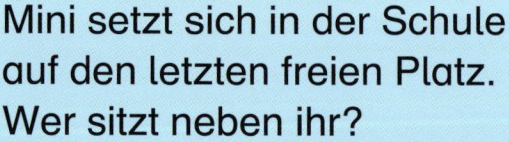

Mini setzt sich in der Schule
auf den letzten freien Platz.
Wer sitzt neben ihr?

„Stimmt", sagt der Junge.
„Du bist wirklich mini.
Und ich bin Max."
Mini sieht Max wütend an.

Da kommt die Lehrerin herein.
„Guten Morgen!", ruft sie.
„Ich heiße Frau Hex.
Wer von euch kennt denn schon
einen Zauberspruch?"

Mini meldet sich.
„Du bist doch viel zu klein
zum Zaubern", sagt Max.

**Zauberer:**
Zauberer treten auf einer Bühne auf
und zeigen Zauberkunststücke.
Der Zuschauer kann sich nicht erklären,
wie diese Kunststücke funktionieren.
Menschen, die diese Zauberkunst
beherrschen, nennt man Zauberer.

„Besser klein und schlau
als groß und blöd!", zischt Mini.
Dem wird sie es zeigen!

Sie hält den Radiergummi hoch
und ruft:
„Ich kann diesen Radiergummi
in eine Maus verwandeln!"

„Käserinde, Mäusedreck,
der Radiergummi muss weg.
Dafür will ich eine Maus,
Käserinde, Mäuseschmaus."

Plötzlich gibt es einen Knall
und Rauch steigt auf.
Bella sitzt auf dem Tisch
und macht eine Verbeugung.

Plötzlich macht es einen Knall.
Erzähle, was passiert ist.

„Prima, Mini!", ruft Frau Hex
und alle klatschen.

Da quiekt es plötzlich laut
in Minis Schultüte.
Als Mini die Schultüte öffnet,
traut sie ihren Augen kaum.

Die Zuckermäuse
sind auch lebendig geworden!
Schwups – schon laufen sie
quer durch die Klasse.
Die Schüler kreischen
und rennen hinterher.

Aber die Mäuse sind zu schnell.
Frau Hex öffnet ein Fenster
und lässt sie ins Freie.

Mini sieht ihnen traurig nach.
„So was Blödes", sagt sie.
„Jetzt hab ich nichts mehr
in meiner Schultüte."

Max kramt in seiner Tasche.
„Hier", sagt er und gibt Mini
ein paar sprechende Lollis.

„Tut mir leid wegen vorhin.
Du bist zwar klein, aber oho.
Freunde?"

Mini lächelt: „Freunde."

**Schultüte:**
Die Schultüte gibt es schon seit dem
19. Jahrhundert in Deutschland für
Kinder zur Einschulung.
Früher schenkten jüdische Eltern ihren
Kindern Zuckergebäck zum Schulstart.
Daraus entwickelte sich die Gewohnheit,
Kindern am ersten Schultag eine mit
Süßigkeiten gefüllte Schultüte zu geben.

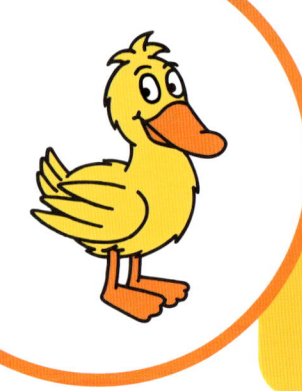

Minis Zuckermäuse sind auch lebendig geworden. Wie viele sind es? Zähle die Mäuse im Bild.

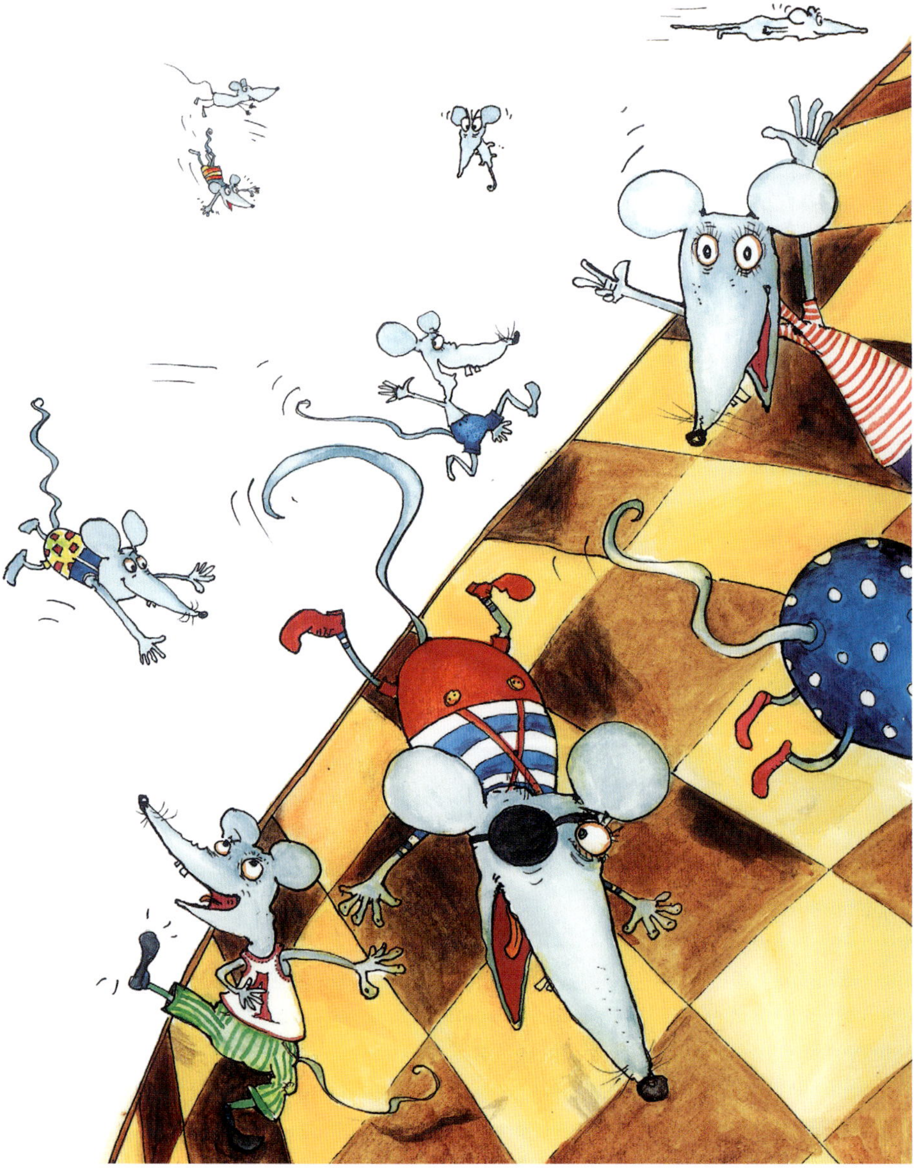

Lösung: Es sind 10 Mäuse.

# Der Futschikato-Zauber

„Heute üben wir,
wie man etwas wegzaubert",
sagt Frau Hex.
Mini schwenkt ihren Zauberstab.
„Futschikato Hexendreck,
der Hosenknopf von Max ist weg!"

„Spinnst du?", ruft Max.
Schnell hält er seine Hose fest,
damit sie nicht runterrutscht.

Mini kichert und knabbert
an einer weißen Zuckermaus.
„Na warte!", sagt Max wütend.

„Futschikato Hexendreck,
Minis Zuckermaus ist weg!"

Die Maus erhebt sich und
schwebt vor Minis Nase herum.

Warum ärgert sich Max so sehr
und versucht, Minis Zuckermaus
wegzuzaubern?

„Futschikato Hexendreck,
Minis Zuckermaus ist weg!",
ruft Max noch einmal.

Beim dritten Versuch
saust sie wieder nach unten
und landet auf Max' Kopf.
Mini fällt fast vom Stuhl
vor lauter Lachen.
„Das war wohl nichts", kichert sie.
„Die Maus ist immer noch da."

„Nicht mehr lange", brummt Max.
Dann steckt er sich
die Maus in den Mund
und isst sie auf.

Mäuse sind Nagetiere und können
einen Schwanz von bis zu 11 cm Länge
haben. Die Hausmaus findet man heute
fast überall auf der Welt. Sie lebt z. B.
auch in Amerika und Australien.

Jetzt lacht Mini nicht mehr.
Sie kneift wütend
die Augen zusammen
und zischt:

„Futschikato Hexendreck,
der blöde Max ist jetzt weg!"

Als sie die Augen wieder öffnet,
ist Max tatsächlich weg.

Mini bekommt einen Schreck.
Hat sie Max weggezaubert?
Das wollte sie nicht!

Plötzlich bekommt Mini
einen Riesenschreck.
Was ist passiert? Erzähle.

„Max, wo bist du?",
ruft sie und fängt an zu suchen.
Mini sucht hinter der Tafel
und sogar im Schrank.
Aber Max ist nicht da.
Mini lässt den Kopf hängen.

„Was soll ich bloß machen?",
fragt sie Bella traurig.
„Ich will Max wiederhaben.
Er ist doch mein Freund!"

Mini und Max sind Freunde.
Freunde können auch manchmal
streiten oder sich übereinander
lustig machen, das ändert nichts
am Bestehen der Freundschaft.

„Du musst es Frau Hex sagen",
piepst Bella.
Mini nickt und seufzt:
„Hoffentlich hat sie eine Idee!"

Da geht plötzlich die Tür auf.
Mini macht große Augen.
Ist das wirklich Max?

„Da bist du ja", ruft Mini
und fällt Max um den Hals.
„Ich hab mir solche Sorgen
gemacht!"

„Sorgen? Warum denn?",
fragt Max verdutzt.
„Ich war doch nur auf dem Klo."

Warum freut sich Mini so sehr,
Max zu sehen?

76

„Was?", ruft Mini. „Ich dachte,
ich hab dich weggezaubert!"
Plötzlich muss Mini lachen.
Max prustet auch los.
Sogar Bella kichert.

Die drei lachen so lange,
bis ihnen der Bauch wehtut.
Schließlich japst Mini:
„Ich wusste gar nicht,
dass Schule so lustig ist!"

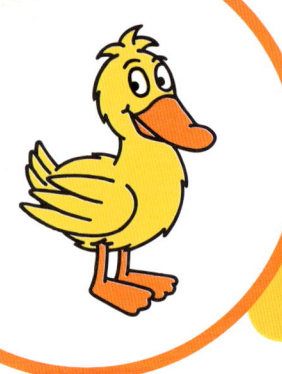

Max ist zurück und mit ihm lauter kleine Minimonster. Zähle die Minimonster auf dem Bild.

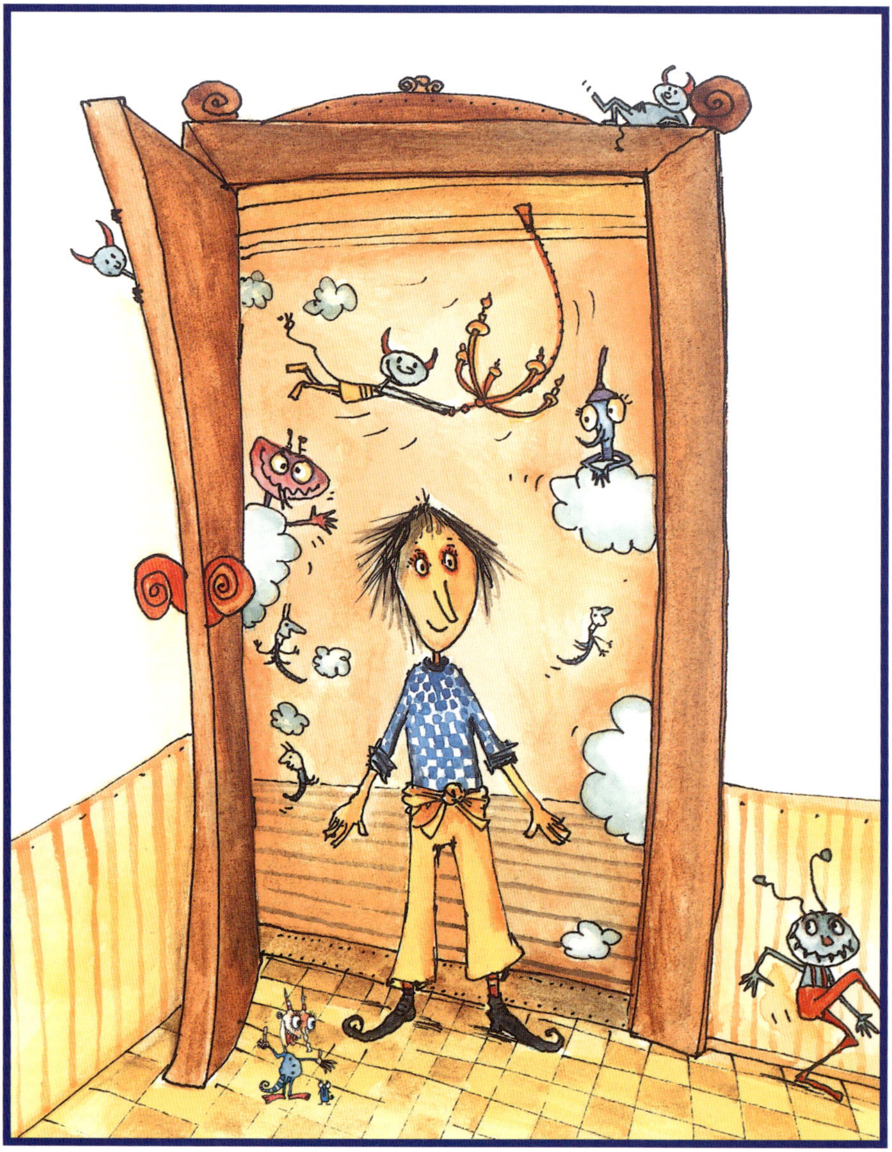

Lösung: Es sind 11 Minimonster.

# Ein verhexter Schulausflug

Mini freut sich.
Heute macht ihre Klasse
einen Schulausflug
in den verzauberten Wald.
Mit Picknick!

„Auf die Besen!", ruft Frau Hex.
„Wir fliegen los."

Mini und Max machen Faxen:
Sie fliegen Loopings
und spielen Verstecken
in den Baumwipfeln.

„Wo sind denn die anderen?",
fragt Mini plötzlich.
Sie blickt sich suchend um,
aber es ist niemand zu sehen.

Warum haben Mini und Max
die anderen verloren?

„Mist, wir haben sie verloren!",
ruft Max.
Da entdeckt Mini ein Haus
auf einer Lichtung.

„Dort fragen wir nach dem Weg",
sagt sie und saust hinab.
Max fliegt hinterher.

„Ein Haus aus Butterkeksen!",
ruft er begeistert. „Lecker!"
Max bricht einen Keks vom Dach ab
und beißt hinein.

**Knusperhaus:**

Ein Haus aus Keksen, Lebkuchen oder anderem Weihnachtsgebäck nennt man Knusperhaus.

Man kann daran knuspern und knabbern und es am Ende ganz aufessen.

Knusperhäuser werden zur Weihnachtszeit gebacken und zusammengebastelt.

Da öffnet sich die Tür und
eine alte Hexe stürzt heraus.
„Unverschämter Bengel!",
schimpft sie. „Hör sofort auf,
mein Haus anzuknabbern!"

Max verschluckt sich
vor lauter Schreck
und muss fürchterlich husten.

„Entschuldigung", sagt Mini höflich.
„Wissen Sie,
wo der Picknick-Platz ist?"

„Ja", antwortet die Hexe.
„Aber ich sag es euch nicht.
Wegen euch regnet es jetzt
bei mir durchs Dach."

„Tut mir leid", murmelt Max.
„Das wollte ich nicht."

Mini überlegt.
„Wir reparieren das Dach",
sagt sie schließlich.
„Wie denn?", fragt Max.

Was schlägt Mini vor,
als die Hexe sagt: „Bei mir
regnet es durchs Dach."?
Lies weiter und erzähle.

Mini pflückt eine Butterblume
und murmelt:

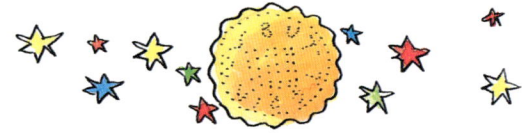

„Butterblume, gelb und fein,
sollst ein Butterkeks jetzt sein!"
Zack – schon hält Mini
einen Butterkeks in der Hand.

Max stopft mit dem Keks
das Loch im Dach.

**Butterblume:**
In Deutschland versteht man darunter
eine gelb blühende, krautige Pflanze,
die dicht über dem Boden wächst.
Die Butterblume gehört zu einer
Pflanzenfamilie, die auch außerhalb
Deutschlands von Pflanzenkennern
*Ranunculaceae*, genannt wird.

„Gar nicht schlecht",
sagt die Hexe beeindruckt
und holt ihren Besen.
„Fliegt mir nach,
ich zeig euch den Weg."

Etwas später landen die drei
beim Picknick-Platz.

„Da seid ihr ja endlich!",
ruft Frau Hex.
„Wo habt ihr denn gesteckt?"
Mini wird rot und Max wird bleich.
Ob sie jetzt Ärger bekommen?

„Die beiden haben geholfen,
mein Dach zu reparieren",
sagt die alte Hexe
und zwinkert Mini und Max zu.
„Das sind prima Hexenschüler!"

Dann drückt sie Max
eine Tüte mit Butterkeksen
in die Hand und fliegt davon.
„Vielen Dank!",
ruft Max ihr nach.

Was erzählt die alte Hexe
Frau Hex, als sie mit Mini und Max
etwas später beim Picknick-Platz
landet?

„Prima", sagt Mini
und nimmt sich einen Keks.
„Dann kann das Picknick
ja jetzt losgehen!"

Im unteren Bild sind fünf Fehler versteckt. Kannst du sie finden?

# Anne Steinwart

# Mutmachgeschichten

## Mit Bildern von Dagmar Henze

## Ein Tiger will lesen

Toni sieht aus wie Toni.
Aber nur von außen.
Innen fletscht er die Zähne.
Innen ist Toni ein Tiger.
Wegen Niklas!
Der sitzt im Wohnzimmer
auf dem Sofa und liest.

Niklas ist Tonis großer Bruder.
Er liest ein Buch, das Toni gehört!
Er hat nicht gefragt,
ob er das darf.

Toni ist verärgert.
Erzähle, warum.

So macht er das immer.
Er nimmt sich einfach,
was er von Tonis Sachen
gebrauchen kann.
Nie fragt er Toni.

Toni schleicht sich heran
und springt mit einem Satz –
rums, krach! –
auf das Sofa.

Niklas schaut
nicht einmal auf.
„Was willst du?",
fragt er unfreundlich.
„Nichts", antwortet Toni
und streckt sich lang aus.
Ein Tiger braucht Platz!

**Weißt du, wie groß und schwer ein Tiger werden kann?**
Tiger können bis zu 2 m lang werden,
der Schwanz allein kann noch mal
bis zu 90 cm lang sein. Das Gewicht
kann bei einem Männchen sogar 250 kg
betragen.
250 kg sind ungefähr so viel wie das
Gewicht von drei erwachsenen Männern.

Niklas rückt ein Stück weg
und zischt:
„Hau ab!"

Toni wetzt seine Krallen.

„Wieso soll ich abhauen?", fragt er.

„Ist das dein Sofa?"

Niklas stöhnt.

„Frag nicht so blöd. Du störst!"
Dabei bewegt er seine Hand,
als wolle er eine Fliege
verscheuchen.

Kannst du die Handbewegung
nachmachen, die Niklas macht?

Er hat keine Ahnung,
dass ein Tiger neben ihm sitzt.
Tonis Augen funkeln gefährlich.
Aber er fragt ganz ruhig:
„Ich störe dich?
Wobei denn?"

Niklas explodiert.

„Das siehst du doch.

Ich lese.

Hau endlich ab!"

Toni schleckt mit seiner Riesenzunge
über sein Maul.

Und mit seinen Tatzen reißt er Niklas
das Buch aus der Hand.

**Weißt du, was Tiger
am liebsten fressen?**
Tiger ernähren sich von großen
Tieren, wie Schafen, Ziegen und
Wildschweinen. Aber auch kleine
Tiere, wie Hasen oder Vögel, erlegt
der Tiger. Er schleicht sich an seine
Beute heran, macht einen schnellen
Sprung auf das Tier zu und beißt ihm
ins Genick oder in den Hals. Dabei
brechen die großen Zähne des Tigers
seinem Opfer das Genick.

Endlich hat Toni gewonnen.
Weißt du auch, warum?

Er hat gewonnen.
„Das ist mein Buch.
Ich lese jetzt.
Und du haust ab.
Du störst!"
Zufrieden kuschelt er sich ins Sofa.

Niklas guckt ihn verdattert an.
„Giftzwerg",
sagt er und geht.

Kannst du dieses Schattenbild
einem Bild in der Geschichte
zuordnen? Blättere zurück.

Lösung: Das passende Bild findest du auf Seite 97.

## Uta und das schwarze Biest

Uta öffnet ein Auge.
Mit dem zweiten wartet sie
noch ein bisschen.
Morgens ist Uta
nicht die Schnellste.

Nebenan im Badezimmer
rauscht schon die Dusche.
Und der Föhn ist zu hören.
Jetzt weiß Uta:
Ich muss aufstehen!

Sie stöhnt ein paar Mal
und richtet sich dann auf.
Missmutig schaut sie zum Fenster.
Oh Schreck!
Utas Augen werden tellergroß.

Kommt Uta morgens schnell
aus dem Bett oder nicht?
Erzähle, wie sie sich
am Morgen fühlt.

Vor dem Fenster
hängt ein schwarzes Biest!
Uta reißt die Bettdecke
bis zum Kinn.
Ihr Herz klopft wie wild.

Das schwarze Biest
bewegt sich langsam abwärts.

Warum klopft Utas Herz
wie wild?

Direkt über der Fensterbank
hält es an.

„Hilfe! Hilfe!", schreit Uta.
Alle poltern in ihr Zimmer.
Mama und Papa
und Utas Bruder Malte.

Uta zeigt zum Fenster.

Mama schmunzelt und flüchtet.
Damit will sie
nichts zu tun haben.
„Das haben wir gleich",
sagt Malte
und zieht einen Schlappen aus.

Mit dem Schlappen in der Hand
pirscht er sich an.
Schon holt er aus.

> **Malte pirscht sich an.**
> Heranpirschen bedeutet das Gleiche
> wie anschleichen oder sich ganz leise
> auf etwas zubewegen.

„Nein!",

kreischt Uta.

„Nicht totschlagen!"

Malte bleibt stehen.
„Was denn dann?",
fragt er genervt.

„Retten natürlich", sagt Uta.
Aber Spinnen anfassen
kann Malte nicht.
Uta guckt Papa an.
Der öffnet zuerst das Fenster.
Dann nimmt er die Spinne
und wirft sie vorsichtig hinaus.

„Danke schön und guten Morgen",
sagt Uta zufrieden.
Der Tag kann beginnen.

Sieh dir beide Bilder genau an. Findest du die fünf versteckten Fehler im unteren Bild?

Lösung: Spinnenbein, Handtuch, Utas Haar, Blatt im Blumentopf, Punkt auf Blumentopf

## Nina traut sich

Endlich große Pause.
Nina spielt Fangen
mit den anderen aus der 1b.
Aber sie passt nicht auf.
Dauernd schaut sie zu Janek.

Er steht allein
in einer Ecke an der Wand.
Nina muss immer wieder
zu ihm hinsehen.
Es gefällt ihr nicht,
wenn einer so allein ist.

Nina passt nicht auf
beim Fangenspielen.
Erzähle, warum.

Gestern wollte Nina schon
zu Janek gehen.
Sie hat sich nur nicht getraut.
Heute will sie mutig sein.
Janek soll mitspielen!
„Ich muss mal eben weg",
ruft Nina den anderen zu.

Heute will Nina mutig sein.
Was hat sie vor?

Und schon steuert sie
in Janeks Richtung.
Was sie sagen will,
weiß sie noch nicht.

Janek schaut ihr entgegen.
Er lächelt nicht.
Er sagt nichts.

Ein paar Schritte vor ihm
bleibt Nina stehen.
In ihrem Hals wird es eng.
Aber sie macht einfach
den Mund auf.

„Spielst du mit Fangen?", fragt sie.
„Warum?", fragt Janek
und verzieht keine Miene.
„Weil's Spaß macht", sagt Nina.
Mehr fällt ihr nicht ein.

**Fangen ...**
... ist ein beliebtes Pausenhofspiel.
Derjenige, der fangen muss,
versucht die anderen Mitspieler
durch eine Berührung zu fassen.
Schafft er es, ruft er: „Du bist's!"
Daraufhin ist der „Gefasste" der
neue Jäger.

Janek sagt auch nichts mehr.
Beide stehen stumm und steif
wie zwei Zaunlatten voreinander.

Nach einer Weile zwinkert Nina
heftig mit den Augen.
Die Sonne blendet sie.
Janek fängt an zu grinsen.

Jetzt macht Nina schnell
einen großen Schritt
und boxt ihn ganz leicht
in den Bauch.
„Du bist dran",
sagt sie und dreht sich um
und läuft los.

Einen Moment später hört sie
Janeks Schritte hinter sich.
Da läuft Nina so schnell,
wie sie kann.

Nina will Janek etwas fragen.
Welchen Weg muss sie nehmen,
um zu ihm zu kommen?

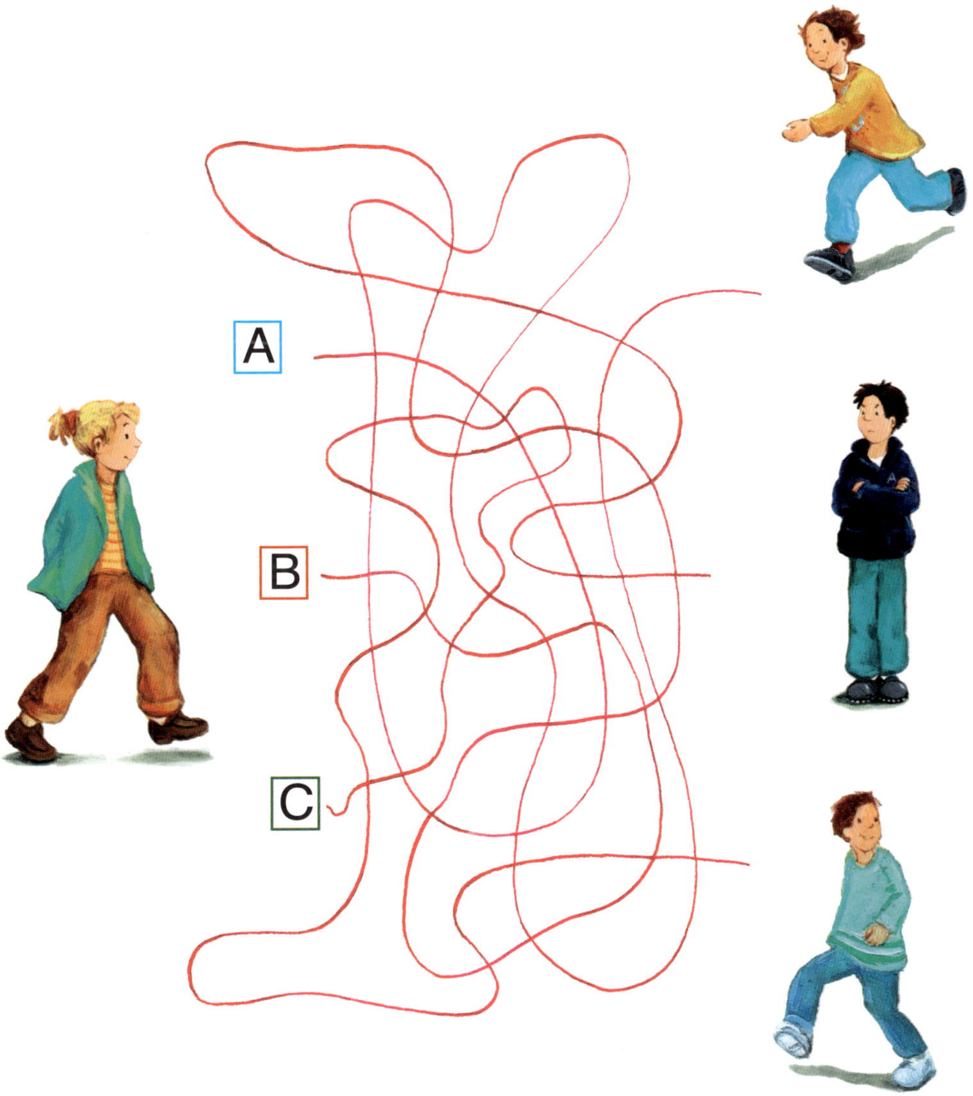

A

B

C

## Teddy Angstnase

Ulrich liegt mit Teddy im Bett.
Mama und Papa sind nicht da.
Deshalb ist Teddy sehr unruhig.
Er drückt sich ängstlich an Ulrich.

„Keine Sorge", flüstert der.
„Ich bin doch bei dir."
Dann sagt Ulrich nichts mehr
und spitzt seine Ohren.

Warum hat Teddy Angst?

War da nicht gerade ein Geräusch?
Als ob jemand auf leisen Sohlen
durch die Wohnung schleicht ...

Einschlafen kann Ulrich jetzt nicht.
Teddy hat viel zu viel Angst.
Er steckt seinen Kopf
unter Ulrichs Schlafanzug.
Seine Nase ist eiskalt!
Ulrich steht auf.

Zuerst macht Ulrich
alle Lichter in der Wohnung an.
Dann zeigt er Teddy
alle unheimlichen Ecken:
hinter den Türen,
unter den Betten,
unter den Tischen und Stühlen,

Erzähle, was Ulrich alles tut,
damit Teddy keine Angst
mehr hat.

unter dem Sofa und den Sesseln,
zwischen den Schränken
und in den Schränken.
Alles ist in bester Ordnung.

„Niemand hat sich versteckt",
sagt Ulrich laut.
Er stupst Teddy zärtlich an die Nase.

Die ist gar nicht mehr kalt.
Teddy hat sich beruhigt
und sieht nun sehr müde aus.

„Jetzt wird geschlafen", sagt Ulrich.
Bevor er ins Bett geht,
macht er alle Lichter wieder aus.
Nur die Flurlampe nicht.
Und seine Zimmertür lässt er
einen Spalt offen.

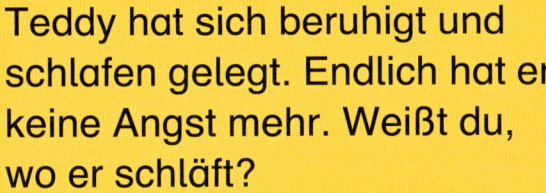

Teddy hat sich beruhigt und schlafen gelegt. Endlich hat er keine Angst mehr. Weißt du, wo er schläft?

Lösung: Teddy schläft hinter Ulrichs Kopf.

## Pustekuchen!

Lene übt Weitwurf.
Mitten auf der Wiese
steht ein dicker Busch.
Bis zu diesem Busch
kann Lene werfen.
Weiter nicht.
Sie versucht es immer wieder.

Ballweitwurf ist eine Disziplin
in der Leichtathletik.
Der Weltrekord im Ballweitwurf
liegt bei über 70 Metern.

Als Torsten mit seinem Ball kommt,
hört sie sofort damit auf.
Bestimmt will er Lene ärgern.
Sie kennt ihn!
Lene hält ihren Ball fest
und wartet ab.

Torsten nimmt Anlauf
und schleudert seinen Ball
in die Luft.
Weit hinter dem Busch
fällt er auf den Boden.

„Das kann ich auch",
sagt Lene trotzig.

„Pustekuchen", sagt Torsten.
„Das kannst du eben nicht!"

Lene nimmt Anlauf und wirft.
Aber der Ball landet im Gras
neben dem Busch.

„Gib es auf",
sagt Torsten spöttisch.
„Mädchen können nicht werfen!"

Glaubt Torsten, dass Lene
so weit werfen kann wie er?

Er dreht Lene den Rücken zu
und schlendert los,
um seinen Ball zu holen.

Lene schnappt ihren Ball
und pfeffert ihn
hinter Torsten her.
Sie trifft genau seinen Po.
„Mädchen können treffen",
sagt sie.
„Wusstest du das schon?"

Immer zwei Wörter beginnen mit demselben Buchstaben. Finde die Paare und verbinde sie mit einem Strich.

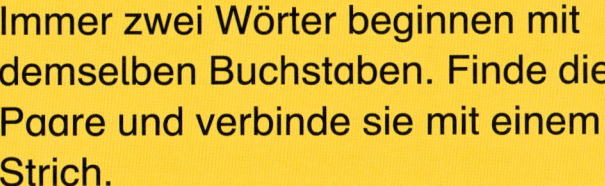

Lösung: Ball-Baum, Haus-Himmel, Teddy-Torsten

# Henriette Wich

# Geburtstagsgeschichten

## Mit Bildern von Dorothea Tust

## Kai hat heute frei

Kai wacht auf und denkt sofort:
Endlich Geburtstag!
Da klopft es an der Tür.
Mama bringt einen Kuchen
mit acht Kerzen.

Was denkt Kai als Erstes,
als er aufwacht?

„Alles Gute!",
ruft sie fröhlich.
„Nach der Schule
feiern wir."

Kai pustet alle Kerzen
auf einmal aus.
Dann strahlt er Mama an.
„Heute hab ich frei.
Weil mein Geburtstag ist."
Mama guckt ihn zweifelnd an.
„Stimmt das wirklich?"
Kai nickt und wird rot.

Mama lacht.
„Na gut.
Dann gehen wir schon
heute früh in den Zoo.
Ich sag's Oma und Opa."
„Jippie!", jubelt Kai.

Kai pustet alle Kerzen auf seinem
Kuchen auf einmal aus.
An einem Kindergeburtstag gibt es
viele schöne Bräuche, wie z. B. einen
Geburtstagskuchen, auf dem so viele
Kerzen sind, wie alt man wird. Wenn man
alle Kerzen auf einmal auspustet,
darf man sich etwas wünschen.

Im Zoo ist es noch herrlich leer.
Opa sagt zu Kai:
„Bei der Delfinshow
sitzt du in der ersten Reihe!"
Die vier kreischen,
als sie von den Delfinen
nass gespritzt werden.
Später schlendern sie
zum Haus von Oma und Opa.
Dort gibt es Eis statt Mittagessen.

Erzähle, was Kai an seinem
Geburtstag alles erlebt.

138

Und neue Skates für Kai.
Damit fährt er gleich zu sich
nach Hause.

Abends macht Mama
extradicke Pommes.
Da fängt Kai an:
„Du, Mama, ich hab dich
heute Morgen angeschwindelt."

Mama zwinkert Kai zu.

„Ich weiß.

Deshalb hab ich dich auch

in der Schule entschuldigt.

Aber ...“

„Ich weiß!“,

unterbricht Kai sie.

„So was gibt's nur einmal.“

Mama nickt.

„Und es bleibt unser Geheimnis!“

Da fällt Kai Mama um den Hals.

Kannst du der Ente helfen, die Bildausschnitte im Bild wiederzufinden? Schau genau hin und deute auf die richtige Stelle.

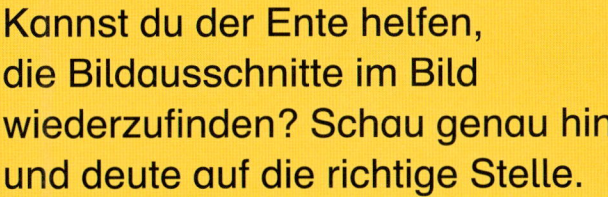

1

2

3

4

## Party ohne Doro?

In der Pause rennt Jana
zu ihrer neuen Freundin Doro.
„Kommst du
zu meiner Geburtstagsfeier?"
„Klar!", sagt Doro.
Jana erzählt:
„Papa macht mit uns Spiele:
Eierlaufen und Blindekuh."

Doro zuckt mit den Schultern.
„Mein Papa hat letztes Mal
einen Zauberer eingeladen.
Und vorletztes Mal eine Band."

Da platzt Jana heraus:
„Ich lad dich doch nicht ein."
Und schon ist sie weg.
Doro ruft ihr nach:
„Ich hab's nicht so gemeint!"
Aber Jana dreht sich nicht um.

Was antwortet Doro, als Jana ihr
erzählt, was Janas Papa zu ihrem
Geburtstag plant?

An Janas Geburtstag
spielen die Gäste Eierlaufen.
Nur Jana steht still daneben.
„Was hast du?", fragt Papa.
„Ich hab was Wichtiges vergessen",
antwortet Jana.
„Bin gleich wieder da."

**Party:**
Party ist ein anderes Wort für ein großes
Fest, das meist einen besonderen Anlass
hat – wie z. B. ein Geburtstag oder eine
Hochzeit.

Zehn Minuten später
steht sie atemlos vor Doro.
„Kommst du doch zu meiner Party?
Ohne dich macht's mir keinen Spaß."
Doro zögert kurz.
Dann sagt sie: „Gern!"

Seite an Seite rennen die beiden
zu Janas Haus zurück.
Janas Vater winkt.

Da flüstert Doro Jana zu:
„Der Zauberer konnte fast alles –
nur nicht meinen Papa herzaubern.
Der hat oft nicht mal
an meinem Geburtstag
Zeit für mich."

Jana sagt:
„Mein Papa hat Zeit für zwei.
Stimmt's, Papa?"
Janas Vater nickt.
„Aber nur, wenn ihr endlich mitmacht.
Wer will die blinde Kuh sein?"
„Ich!",
rufen Jana und Doro gleichzeitig.

Wie viele Kinder siehst du
auf diesem Bild, die beim Spiel
Eierlaufen mitspielen?

Lösung: Es spielen nur vier Kinder wirklich mit.

147

## Zwei Riesenwünsche

Morgen hat Felix Geburtstag.
„Was wünschst du dir?",
fragen Mama und Papa.
Felix überlegt.

„Ich hätte gern eine riesige
Lakritz-Schokotorte.

Und für meine Feier
ein Zimmer voller Luftballons."

Morgen hat Felix Geburtstag.
Was wünscht er sich ganz
besonders?

Papa schmunzelt.
„Das sind ja gleich
zwei Riesenwünsche auf einmal."
Mama seufzt:
„Da musst du uns aber helfen."
Felix nickt.
Zuerst hilft er Papa
beim Kuchenbacken.

Um einen Kuchen zu backen, braucht man fast immer die Grundzutaten: Mehl, Eier, Butter und Zucker. Dann kann man den Kuchen zum Beispiel mit Kakao und geschmolzener Schokolade zu einem Schokokuchen machen.

Felix rührt den Teig
auf Stufe drei.
Auf einmal ist Papas Gesicht
voller Schoko-Sommersprossen.
„Hilf mal lieber Mama!",
sagt Papa.

Mama sitzt im Wohnzimmer
und bläst Luftballons auf.
Sie hat schon
einen ganz roten Kopf.
Felix ruft:
„Wetten, dass ich mehr Puste
hab als du?"
Felix pustet und pustet.

„Peng!", macht es plötzlich.
Mama lächelt gequält.
„Hilf mal lieber Papa!"

Mama und Papa wollen Felix
seine Wünsche erfüllen.
Erzähle, was passiert.

Papa verziert schon die Torte.

Zusammen türmen sie

einen Berg aus Lakritze darauf.

Felix holt ein Fähnchen

und steckt es auf den Gipfel.

Da kommt der Berg ins Rutschen.

„Eine Lawine!", schreit Papa.

Die Torte stürzt in sich zusammen.
Felix flüstert:
„Jetzt hab ich morgen keine Torte."
Papa sagt:
„Dafür hast du heute
eine Tortenschlacht."
Er greift in den Teig
und holt weit aus.

Felix duckt sich.
Die Ladung saust
an Mamas verdutztem Gesicht
vorbei mitten in die Luftballons.
„Toll!", ruft Felix.
„Dann spielen wir morgen
statt Würstel-Schnappen
Luftballons-Schlecken."

Papa beginnt mit der Tortenschlacht und trifft mit dem Teig Luftballons. Wie viele Ballons trifft Papa mit dem Kuchenteig? Zähle sie.

Lösung: Er trifft 5 Ballons.

## Weißt du, was ich dir schenke?

Moni fragt ihren Bruder:
„Weißt du, was ich dir
zum Geburtstag schenke?"
Ulf brummt:
„Ich will's nicht wissen."
Moni redet trotzdem weiter:
„Es ist weiß, aber nicht immer.
Das errätst du nie."
Ulf mault:
„Dann behalt's auch für dich."
„Blödmann!", sagt Moni.

An ihre Tür
klebt sie einen Zettel:
Betreten verboten!
Moni bastelt
eine Schneekugel für Ulf.
Mit einem Auto
mitten im Schneesturm.
Endlich ist sie fertig.

Was will Moni ihrem Bruder
zum Geburtstag schenken?

Beim Essen fängt Moni wieder an:
„Weißt du, was ich dir schenke?
Es ist rund
und du musst es schütteln."

Eine Schneekugel ist eine mit Wasser gefüllte Kugel aus Glas oder Plastik, in der sich kleine Schnipsel befinden, die beim Schütteln aufwirbeln und sich dann wie Schnee langsam absetzen. Die Kugel enthält kleine Figuren oder Landschaften, die beim Schütteln eingeschneit werden.

Ulf stöhnt:
„Eine Schneekugel, oder?"
Moni wird blass.
Aber sie reißt sich zusammen.
„Falsch geraten!", ruft sie.

Als Moni wieder allein ist,
überlegt sie fieberhaft.
Für ein neues Geschenk
ist es zu spät.
Da hilft nur eins:
Sie muss die Kugel
besonders schön verpacken.

Wo war doch gleich
die Schleife?
Moni dreht sich um
und stößt dabei an den Tisch.
Oh nein, die Kugel!
Moni kann sie nicht mehr halten.

Am Boden
liegen tausend Scherben.
Nur das Auto ist noch ganz.
Da bindet Moni einfach
die Schleife drum herum.

Was passiert, als Moni sich
umdreht? Erzähle.

Am nächsten Morgen
streckt sie Ulf das Auto hin.
Ulf strahlt.
„Super, ein Porsche!
Der ist mir tausendmal lieber
als 'ne Schneekugel!"

Moni hat viele Ideen, was sie ihrem Bruder schenken könnte. Welche Idee passt am wenigsten zu Ulf? Kreise ein.

Lösung: ein rosa Poesie-Album

## Heiße Würstchen

„Wie lange dauert's denn noch?",
fragt Paul vom Hintersitz.
Er kann es nie erwarten,
bei seiner Lieblingstante
Margit zu sein.
An seinem Geburtstag
schon gar nicht.

Papa bremst und stöhnt:
„Jetzt ist Stau!"
Paul ruft verzweifelt:
„Tante Margit hat sicher schon
Feuer gemacht zum Grillen.
Und die Würstchen schmoren
hier im Auto."

Warum hat Paul Angst, dass sie nicht rechtzeitig zu Tante Margit kommen?

Da hat Mama eine Idee:
„Dann grillen wir eben
ohne sie – hier am See.
Wenn sich der Stau aufgelöst hat,
fahren wir weiter.
Ich ruf schnell Tante Margit an."

Wenn die Autos auf einer Straße nicht
mehr fahren können, weil es zu viele
Autos gibt, spricht man von einem Stau.

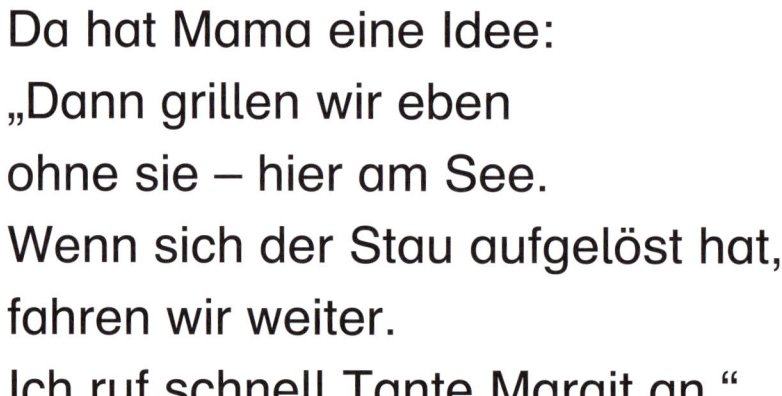

Schon murmelt sie
etwas in ihr Handy.

Paul mault:
„Ich will nicht alleine grillen,
ich will zu Tante Margit."
Papa sieht Mama entsetzt an.
„Hilfe, Paul ist allein!
Wir haben uns in
Gespenster verwandelt!"

Jetzt muss Paul lachen.
„Mit euch macht es
natürlich auch Spaß."

Bald haben sie einen Platz
am See gefunden.
Paul und Papa sammeln Holz
vom Boden auf.
„Darf ich mitgrillen?",
fragt da eine Stimme hinter ihnen.
„Tante Margit!", jauchzt Paul
und umarmt seine Tante.

„Wie kommst du denn hierher?",
fragt Papa.
Tante Margit antwortet:
„Mit meinem Roller natürlich.
Der passt durch jeden Stau."
Dann holt sie ein großes Geschenk
hinter ihrem Rücken hervor.
„Alles Gute zum Geburtstag!"

Wie ist Tante Margit so schnell
durch den Stau gekommen?

Paul ruft begeistert:
„Ein Schlauchboot!
Hilfst du mir beim Aufblasen?"
Tante Margit lächelt.
„Deswegen bin ich ja hergekommen!"

Lösung: Berge, Motorradlicht, Finger, Knopf am Schuh, Hinterrad

# Erlebe Abenteuer
# mit Hase und Holunderbär!

ISBN 978-3-7607-3630-3

ISBN 978-3-7607-3631-0

ISBN 978-3-7607-4139-0

ISBN 978-3-7607-3648-8

ISBN 978-3-7607-4452-0

ISBN 978-3-7607-6409-2

Auch zu bestellen unter:
www.arsedition.de

ISBN 978-3-7607-6853-3

Auch zu bestellen unter:

www.arsedition.de